ACTES SUD JUNIOR
est dirigé par Madeleine Thoby

COMPTINES
DU BORD
DE L'EAU

D u   m ê m e   a u t e u r
Outre les titres parus chez Actes Sud Junior

101 Poésies et comptines
101 Poésies et comptines tout autour de la Terre
101 Poésies et comptines tout au long de l'année
BAYARD

en CD et cassette
Contemimes
101 Poésies et comptines
AUVIDIS

D u   m ê m e   i l l u s t r a t e u r

Atlas de la France
Le Livre de la jungle
La Ville
Le Bateau
L'Arbre
Vivre dans les îles du soleil
Sur les bords du Nil au temps des pharaons
Le Ciel, les étoiles, la nuit
Le Ciel, le soleil, le jour
Le Livre du ciel
GALLIMARD

Les Routes de la soie
BAYARD

Les Pôles
LAROUSSE

Les Petits Bonheurs

CORINNE ALBAUT

COMPTINES
DU BORD
DE L'EAU

Illustrées par
CHRISTIAN BROUTIN

ACTES SUD JUNIOR

Pour Charles et Maxence
et Jean-Lou

Reflets

Pourquoi les arbres au bord du ruisseau
Ont-ils la tête en haut,
Alors que dans l'eau,
On les voit
La tête en bas ?

C'est que les reflets préfèrent
Se montrer à l'envers.

9

La vie sur les canaux

Sur le chemin de halage,
Roule un vélo.
Glissant le long du rivage,
Passe un bateau.
Dans les remous de son sillage,
Danse un oiseau.

La vie s'écoule sans tapage
Sur les canaux.

Paysage d'hiver

Une flaque de glace
Entre des arbres blancs
Et des roseaux givrés.

Un oiseau noir qui passe
Et lance un cri strident
Dans l'air pur et gelé.

C'est l'hiver, et l'étang,
Calme et patient, attend
Le retour du printemps.

Le pêcheur dépité

Une canne, un fil, un hameçon,
Un asticot épinglé,
Un bouchon qui oscille.
Silencieux, immobile,
Sur son pliant rayé,
Un pêcheur guette le poisson.

Soudain, le bouchon pique
Et coule vers le fond.
Attention, pas de panique !
Bien ferrer le poisson
Et tirer fermement
Jusqu'au bord de l'étang.
Bon, maintenant, voyons !

Oh non ! ce n'est qu'un goujon !

Trésors cachés

Corbeille d'argent,
Boutons d'or,
Il pousse des trésors
Dans l'herbe auprès des étangs !

Et je n'ai pas parlé
Des perles de rosée
Enfilées en colliers
Sur les toiles d'araignée !

Des œufs mystérieux

De petits œufs sur l'étang
S'accrochent en grappes, en rubans.

Quels animaux en sortiront ?
Des salamandres ? Des tritons ?
Ou de petits têtards tout noirs ?
Allez savoir !

19

Poussins sur l'eau

La poule d'eau a pondu ses œufs
Au fond du nid.
Six poussins doux et duveteux
En sont sortis.
Qui s'en vont à la queue leu leu,
Et crient et pépient.
La mare est une salle de jeux
Pour ces petits.

L'oiseau pêcheur

– Bonjour Martin,
Que fais-tu de si bon matin ?
– Je suis martin-pêcheur,
Et pêche de bonne heure
Car, vois-tu, j'ai grand-faim.

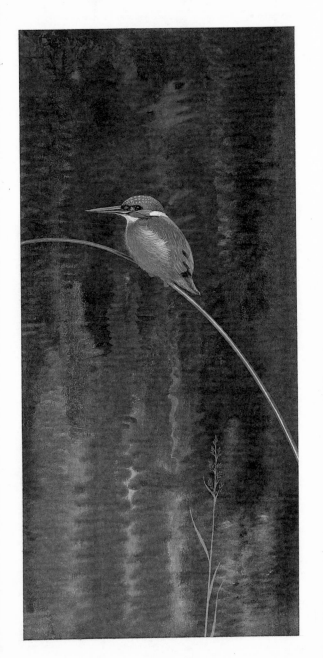

Le saule pleureur

Allez savoir pourquoi
Le saule, ce jour-là,
Était triste à pleurer,
Comme s'il était en deuil.

Or, ses larmes de feuilles
Se mirent à couler
Dans le courant d'eau claire.

Elles tombèrent, elles tombèrent.
Lors, se mirant dans l'eau,
Le saule se trouva beau.

Depuis, il pleure sans répit,
Nuit et jour, jour et nuit,
Mais par coquetterie.

L'escargot et la limace

Un escargot
Sur un roseau
Prenait le frais au bord de l'eau.

Voilà que passe
Une limace
Qui ne portait rien sur son dos.

«Quel malheur, se dit-il tout bas,
Que de n'avoir pas de chez-soi !»
Tandis qu'elle pensait : «Quelle corvée
D'avoir une maison à traîner !»

Le héron errant

Il erre, le héron,
Au bord de la rivière.

Bel oiseau solitaire
Aux pattes en fil de fer,
Au cou gracile et long,
Au grand bec en ciseaux.

Les yeux fixés sur l'eau,
Il épie les poissons.

Le crapaud

Avez-vous vu le gros crapaud
Avec sa peau tout en grumeaux ?

L'avez-vous vu sauter partout
Avec ses pattes en caoutchouc ?

Avez-vous entendu sa voix ?
Il coasse, comme il se doit.

Les lentilles d'eau

Par milliers,
Des petits ronds verts,
Menus, légers,
Ont recouvert
L'eau claire
De la rivière,
Comme un tapis
De confettis.

Les sauterelles

Deux sauterelles, au bord de l'eau,
Jouent à qui saute le plus haut.

– Hop ! c'est qui ?
– Hop ! c'est moi !
Hop par-ci,
Hop par-là.

À force de sauter,
Elles tombent dans l'eau glacée.

– Hop ! C'est froid !
– Vite, vite, sortons de là !

Les trois rats

Un ragondin
Sur une branche,
Curieux se penche
Et prend un bain.

Un rat musqué,
Pas plus futé,
Grimpe sur un jonc,
Et tombe au fond.

Un campagnol
Trouve ça très drôle,
Tant il rigole
Qu'il dégringole.

Et voilà les trois compères
Barbotant dans la rivière.

Le secret des joncs

Ils poussent, ils poussent, les joncs,
Comme des champignons.

Ils sont souples, souples, les joncs,
Comme des brins de coton.

Ils sont vides et creux les joncs,
Comme des mirlitons.

Et ils ont un secret, les joncs :
Ils abritent, cachés bien profond,
Une cane et ses canetons.

La libellule

Est-ce un mini hélicoptère
Qui vrombit sur la rivière ?

Pas du tout !
Cette espèce de clou
Avec des ailes de tulle,
C'est une libellule !

L'ablette et le pêcheur

Lorsque l'ablette, épuisée,
Atterrit dans l'épuisette,
Le pêcheur, satisfait,
Se dit en hochant la tête :
« Je suis le meilleur
Des pêcheurs. »

Mais soudain, le poisson,
Dans un gigantesque effort,
Prit son élan, et d'un bond,
Sauta par-dessus bord.

À l'heure qu'il est,
Il nage encore.

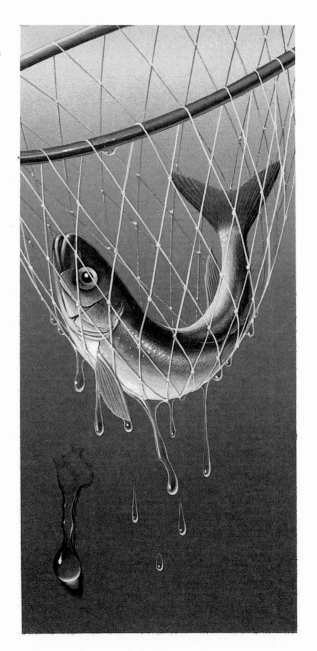

44

La massette

Des feuilles acérées
Comme des épées,
Un épi marron
Rond et doux comme un manchon
Sur une tige fluette,
C'est la massette.

Le poisson-chat

Un poisson à moustaches
Joue à cache-cache,
S'amuse et batifole
Entre les algues folles.

On dit que c'est un poisson-chat.
Cherche-t-il une souris,
Un mulot ou un rat
Parmi les joncs, tapi ?

Les dents de l'étang

Deux rangées de dents serrées
Très pointues et aiguisées,
C'est «Croque-tout» qui passe,
Le brochet qui part en chasse.

Petits poissons, cachez-vous
Sous les algues et dans les trous,
Car ce coquin dévore tout !

Les nénuphars

Jaunes et blancs, les nénuphars
Laissent éclater, sur la mare,
Leurs corolles, comme des phares.

Et qui se cache dans l'ombre
De leurs feuilles rondes et sombres ?
Les grenouilles et les têtards.

La cane et les canards

Un canard vert,
Un canard blanc.
L'un va derrière,
L'autre devant.
Passe une cane,
Plumes de velours :
Les deux canards
Font demi-tour !
– Bonjour, Madame !
– Madame, bonjour !
Sans dire un mot,
La cane glisse
Tout droit devant,
Vers les iris
Du bord de l'eau.
Là-bas, l'attend
Son amoureux,
Un canard bleu.

53

L'écrevisse

Qui porte une carapace
Dure comme une cuirasse ?
Qui a des pinces qui cassent,
Qui écrasent et qui fracassent ?
Qui avance à reculons
En faisant de petits bonds ?
C'est l'écrevisse, voyons !

La truite arc-en-ciel

Un éclat d'arc-en-ciel
Tombé dans le ruisseau,
Des flancs qui étincellent
Des points noirs sur le dos,
Quelle est cette demoiselle
Qui danse au fil de l'eau,
Fait des bonds et se trémousse ?
C'est la truite d'eau douce !

Les ricochets

Dans la poche
De sa sacoche,
Un galet plat qui ricoche.

Il prend son temps,
Scrute l'étang
Et, d'un élan,
Lance le caillou blanc.

Le galet rond
File en rebonds
Comme un ballon
Dans la cour de récréation.

– Enfin, dit l'enfant satisfait,
Je sais faire des ricochets !

Cache-cache images

Clin d'œil de l'illustrateur,
Un petit dessin est allé se cacher
Dans la grande image
De la page d'avant ou d'après.
Si tu es observateur,
Essaie de le retrouver.

Table des comptines

Conception graphique et
direction artistique :
Studio de création
de Repères Communication.

Reproduit et achevé d'imprimer
en mars 1999
par l'imprimerie Clerc
à Saint-Amand-Montrond
sur papier des
Papeteries de Jeand'heurs
pour le compte des éditions
ACTES SUD
Le Méjan
Place Nina-Berberova
13200 Arles.

Dépôt légal
1re édition : mars 1999
N° imprimeur : 6993
(Imprimé en France)